AF187741

Impressum
Verlag: BABADADA GmbH, Nedderfeld 112 , 22529 Hamburg
Geschäftsführer / Verlagsleitung: Harald Hof
Druck: Books on Demand GmbH, In de Tarpen 42, 22848 Norderstedt

Imprint
Publisher: BABADADA GmbH, Nedderfeld 112 , 22529 Hamburg, Germany
Managing Director / Publishing direction: Harald Hof
Print: Books on Demand GmbH, In de Tarpen 42, 22848 Norderstedt

1

école

duɗal

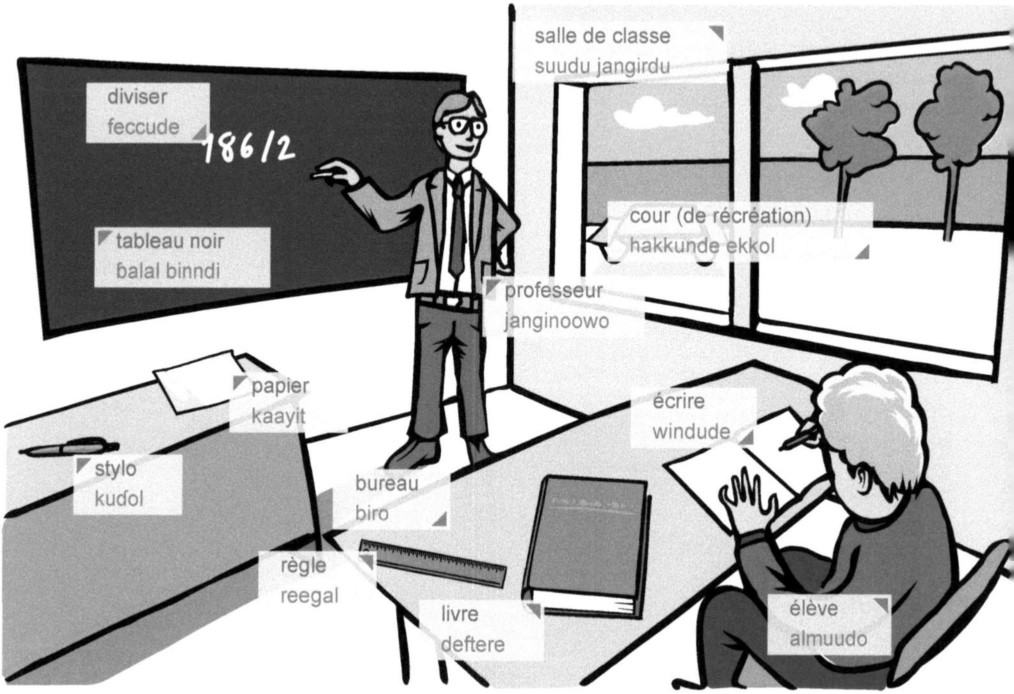

salle de classe
suudu jangirdu
diviser
feccude
186/2
tableau noir
ɓalal binndi
cour (de récréation)
hakkunde ekkol
professeur
janginoowo
papier
kaayit
écrire
windude
stylo
kuɗol
bureau
biro
règle
reegal
livre
deftere
élève
almuudo

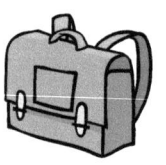

cartable

kartaabal

trousse

moftirdo kereyonji

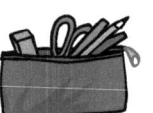

crayon

kereyo

taille-crayon

ceeɓnirgel kereyon

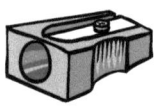

gomme

momtirgel

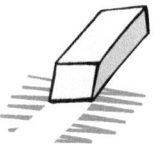

carnet à dessin

alluwal ciifirgal

dessin

ciifgol

pinceau

limsere pentirteeɗo

boîte de peinture

suwo pentirɗo

ciseaux

sisooji

colle

ɗakkorgal

cahier d'exercices

deftere ekkorgal

devoirs

golle janŋde

chiffre

niimara

additionner

beydude

soustraire

ustude

multiplier

beydude keeweendi

calculer

qimaade

lettre

bataake

alphabet

karfeeje

mot

kongol

texte

bindol

lire

jangude

craie

bindirgal

leçon

darsu

livre de classe

winditaade

examen

egsame

certificat

sartifika

uniforme scolaire

comcol duɗal

formation

janŋde

lexique

ansikolopedi

université

duɗal jaaɓi haɗtirde

microscope

mikoroskop

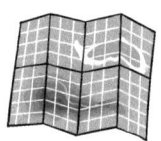

carte

kartal

corbeille à papier

suwo kurjut

voyage
ɗannagol

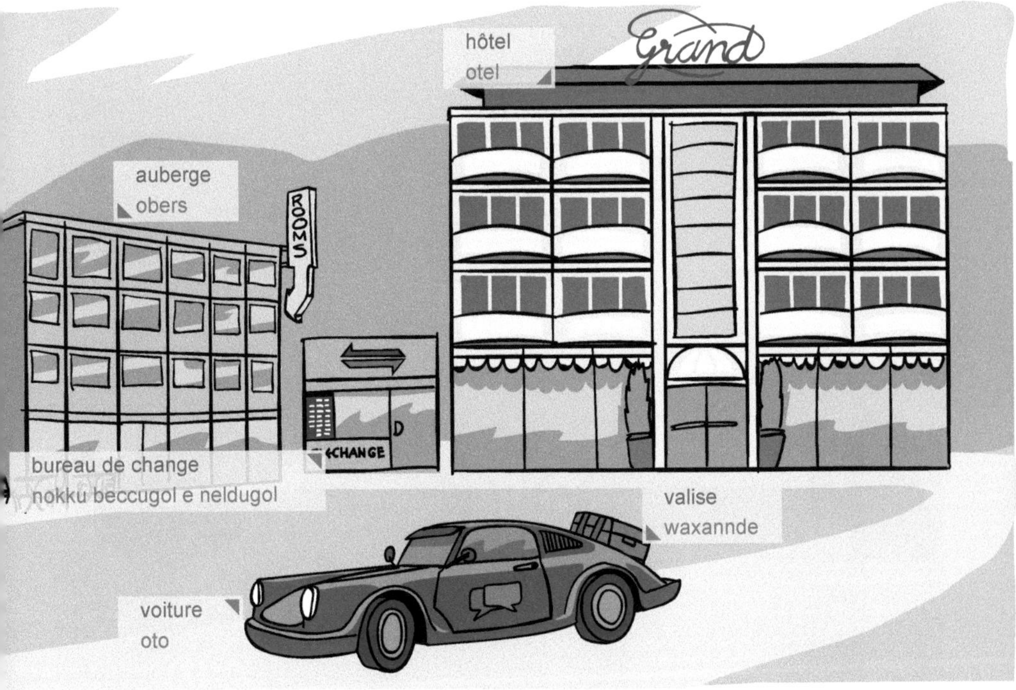

hôtel
otel
Grand
auberge
obers
ROOMS
bureau de change
nokku beccugol e neldugol
CHANGE
valise
waxannde
voiture
oto

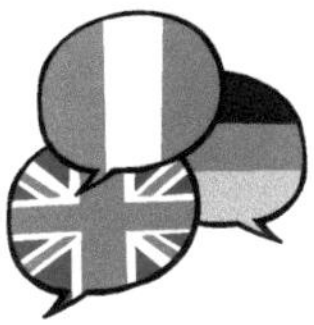

langue

ɗemngal

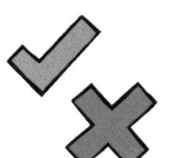

oui / non

Eey / ala

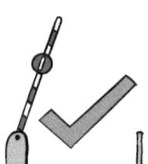

d'accord

Moƴƴi

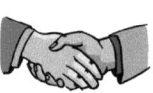

Salut

mbaɗɗa

interprète

pirtoowo

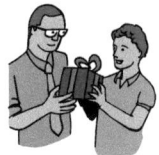

merci

A jaraama

Combien coûte...?

no foti...?

Je ne comprends pas

Mi faamaani

problème

hanmi

Bonsoir !

Jam hiri!

Bonjour !

Jam waali!

Bonne nuit !

Mbaalen e jam!

Au revoir

ñande woɗnde

direction

laawol

bagages

bagaas

sac

saawdu

sac-à-dos

saawdu wambateendu

hôte

koɗo

pièce

suudu

sac de couchage

njegenaaw

tente

caalel ladde

office de tourisme

kabaruuji tuurist

plage

tufnde

carte de crédit

kartal banke

petit-déjeuner

kacitaari

déjeuner

bottaari

dîner

hiraande

billet

biye

ascenseur

suutde

timbre

tampon

frontière

keerol

douane

duwaan

ambassade

ambasad

visa

wiisa

passeport

paaspoor

transport
taraspoor

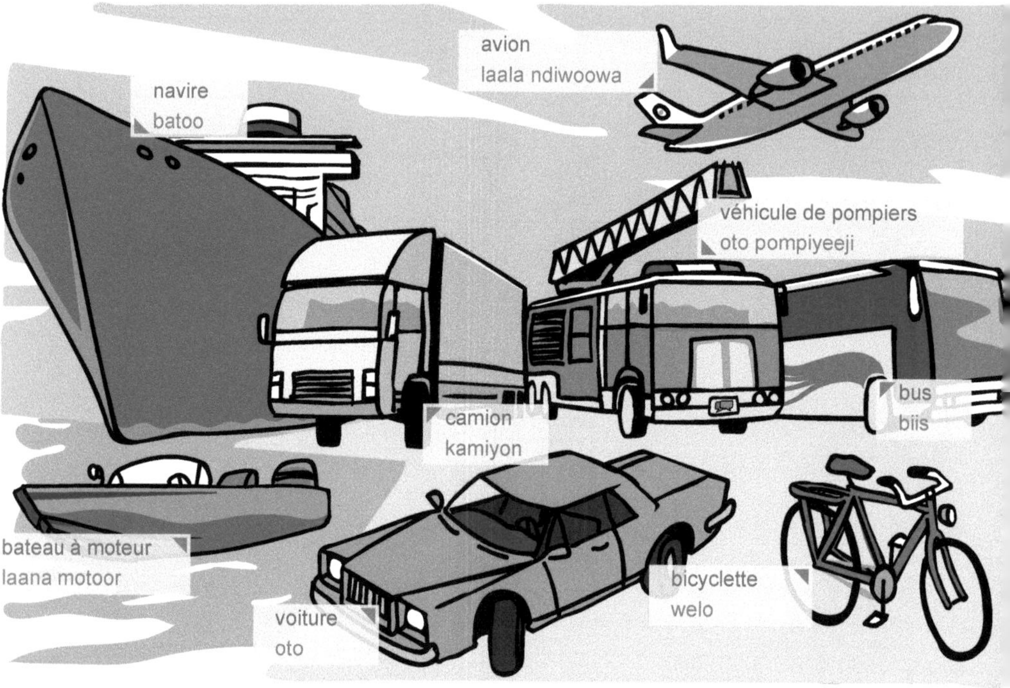

avion
laala ndiwoowa
navire
batoo
véhicule de pompiers
oto pompiyeeji
bus
biis
camion
kamiyon
bateau à moteur
laana motoor
bicyclette
welo
voiture
oto

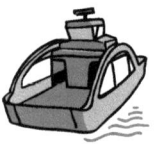

ferry

batoo

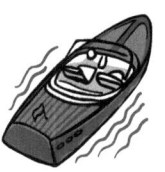

barque

laana

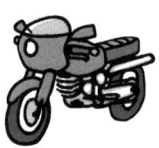

moto

welo

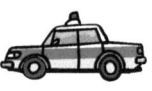

voiture de police

oto polis

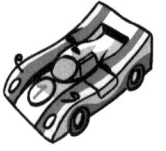

voiture de course

oto dogirteeɗo

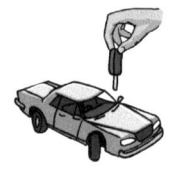

voiture de location

oto luwateeɗo

auto-partage

dendugol oto

voiture de remorquage

oto dandoowo goɗɗo

benne à ordures

oto kurjut

moteur

motoor

essence

karbiran

station d'essence

nokku esaans

panneau indicateur

tintinooje yaangarta

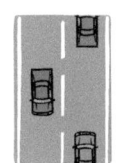

trafic

yaa ngarta

embouteillage

jiiɓo yaa ngarta

parking

dingiral otooji

gare

dingiral laana leydi

rails

laaɓi

train

laana leydi

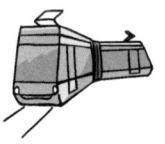

tramway

laana ndegoowa

wagon

saret

hélicoptère

elikopteer

aéroport

ayrepoor

tour

tuur

passager

wonɓe e laana

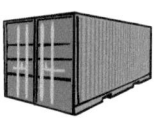

conteneur

konteneer

carton

karton

chariot

duñirgel kaake

corbeille

basket

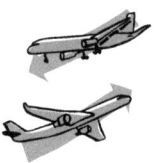

décoller / atterrir

diwde / juuraade

ville

wuro mowngu

village

wuro

centre-ville

hakkunde wuru wowngo

maison

galle

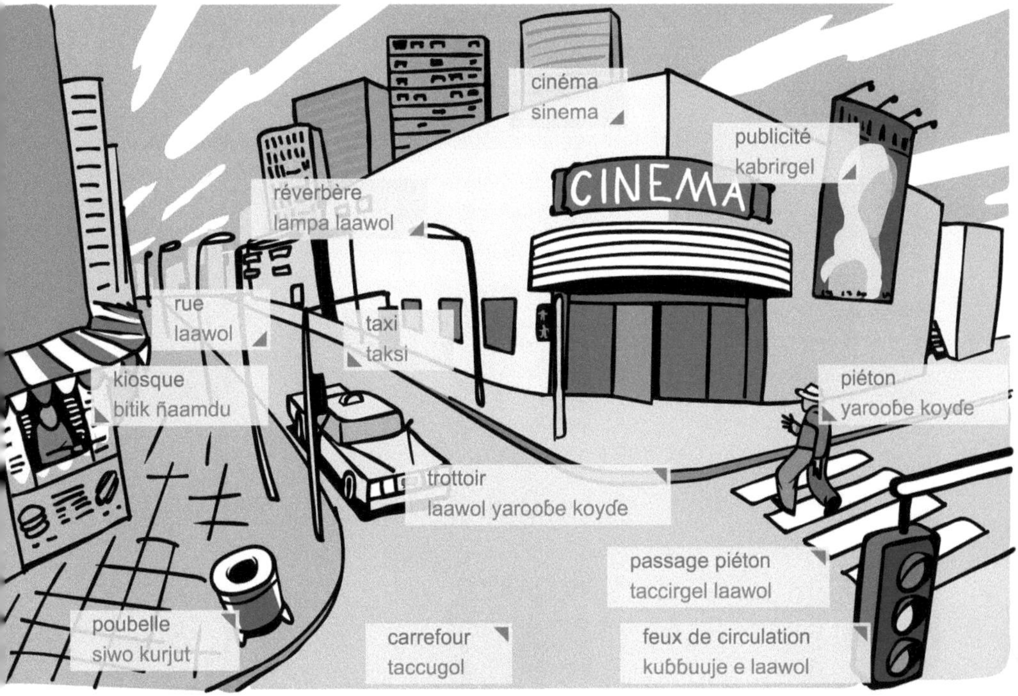

cinéma
sinema

publicité
kabrirgel

réverbère
lampa laawol

CINEMA

rue
laawol

taxi
taksi

kiosque
bitik ñaamdu

piéton
yaroobe koyɗe

trottoir
laawol yaroobe koyɗe

passage piéton
taccirgel laawol

poubelle
siwo kurjut

carrefour
taccugol

feux de circulation
kubbuuje e laawol

cabane

tiba

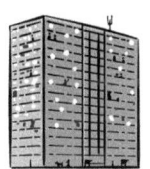

appartement

ko foti

gare

dingiral laana leydi

mairie

meeri

musée

miise

école

duɗal

université
duɗal jaaɓi haɗtirde

banque
banke

hôpital
suudu safirdu

hôtel
otel

pharmacie
farmasi

bureau
gollirgal

librairie
suudu defte

magasin
bitik

fleuriste
jeyoowo fuloraaji

supermarché
sipermarse

marché
jeere

grand magasin
madase mawɗo

poissonnerie
jeyoowo liɗɗi

centre commercial
nokku coodateeɗo

port
poor

parc
park

banque
jooɗorgal

pont
taccirgal

escaliers
ŋabbirɗe

métro
laawol metero

tunnel
laawul les leydi

arrêt de bus
fongo biis

bar
baar

restaurant
restora

boîte à lettres
buwaat postaal

panneau indicateur
lewñowel laawol

parcmètre
to otooji ndaroto

zoo
nokku kullon

piscine
pisin

mosquée
jama

ferme

ngesa

pollution

gakkingol hendu

cimetière

bammule

église

egiliis

aire de jeux

dingiral

temple

tampl

paysage
yiyande taariinde

feuille
baramlefol

panneau indicateur
tugayal tintinirgal

chemin
laawol

pré
Huɗo sukkuko

pierre
haayre

randonneur
ɲayloowo

arbre
lekki

rivière
maayo

herbe
huɗo

fleur
fuloor

vallée
nokku kaañe mawɗe to
ndiyam dogata

montagne
waande

lac
weedu

forêt
ladde

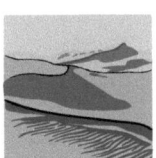

désert
ladde yoornde

volcan
wolkan

château
satoo

arc-en-ciel
timtimol

champignon
sampiñon

palmier
leki palm

moustique
bowngu

mouche
diwde

fourmis
njabala

abeille
mbuubu ñaak

araignée
njabala

coléoptère

hoowoyre keppoore

grenouille

faabru

écureuil

doomburu ladde

hérisson

sammunde

lièvre

fowru

chouette

pubbubal

oiseau

colel

cygne

kakeleewal ladde

sanglier

mbabba tugal

cerf

lella

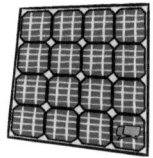

élan

Nagge nde galladi cate

barrage

baraas

éolienne

masiŋel battowel hendu
jeynge

panneau solaire

Lowowel nguleeki

climat

kilima

restaurant

restora

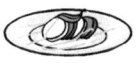

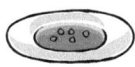

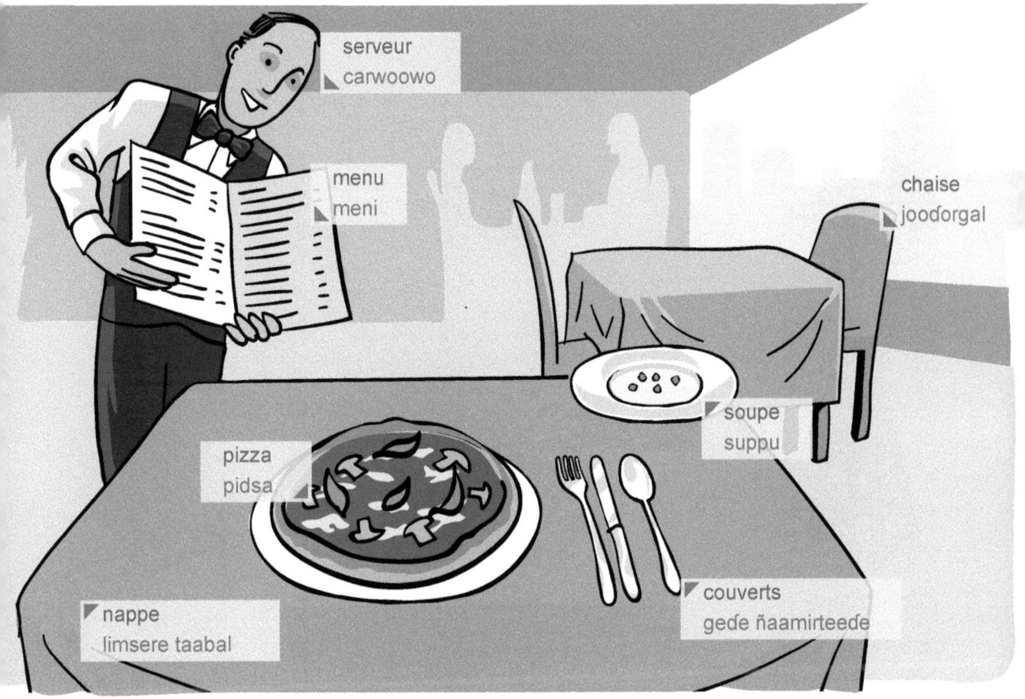
serveur
carwoowo
menu
meni
chaise
jooɗorgal
soupe
suppu
pizza
pidsa
couverts
geɗe ñaamirteeɗe
nappe
limsere taabal

hors d'œuvre

tongitirgel

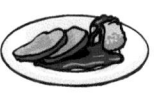

plat principal

ñaamdu nguraandi

dessert

tuftorogol

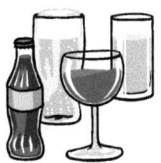

boissons

njaram

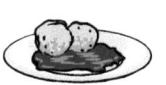

alimentation

ñaamdu

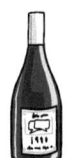

bouteille

butel

fast-food

fast fud

plats à emporter

ñaamdu laawol

théière

baraade

sucrier

cupayel suukara

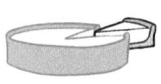

portion

geɗel

machine à expresso

Masinŋ kafe

chaise haute

jooɗorgal toowngal

facture

biye

plateau

ñorgo

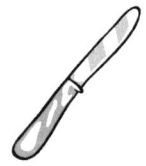

couteau

paaka

fourchette

furset

cuillère

kuddu

cuillère à thé

nokkere kuddu

serviette

sarbet

verre

weer

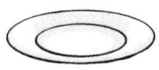

assiette

palaat

assiette à soupe

palaat suppu

soucoupe

cupayel

sauce

soos

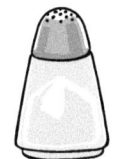

salière

pot lamdam

moulin à poivre

moññirgal poobar

vinaigre

bineegara

huile

nebam

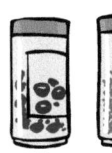

épices

kaadnooje

ketchup

ketsap

moutarde

muttard

mayonnaise

mayonees

supermarché
sipermarse

offre promotionnelle
ngustugul coggu
FOR
client
kiliyaan
produits laitiers
kosameeje
fruits
ɓikkon leɗɗe
chariot
daasirgel

BUTCHERS

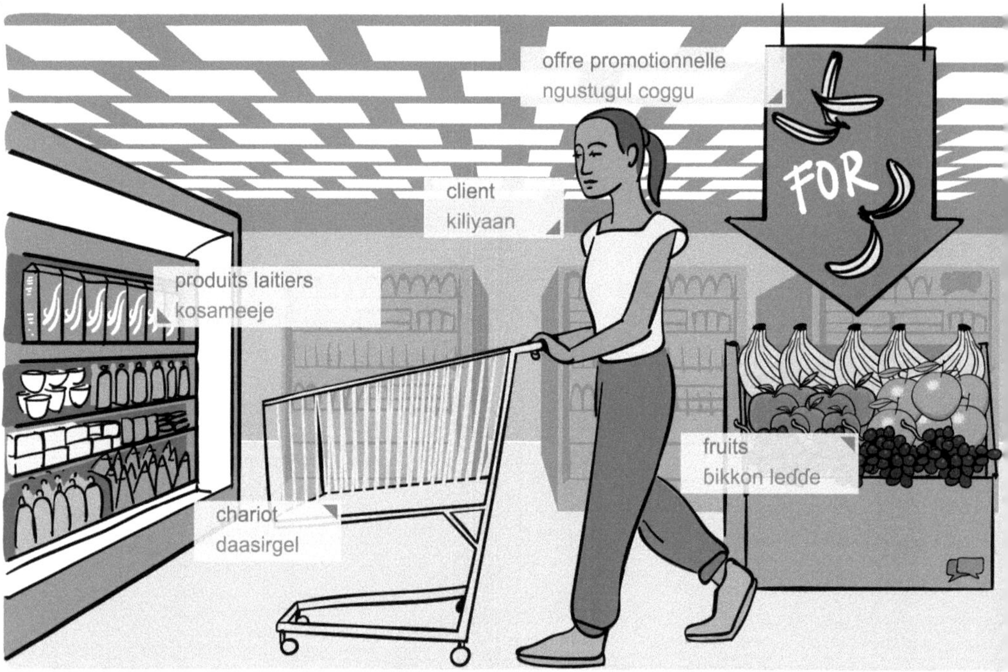

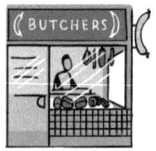

boucherie

jeyoowo teew nagge

BAKERY

boulangerie

juɗoowo mburu

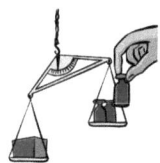

peser

ɓetde

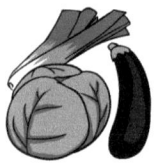

légumes

lijim

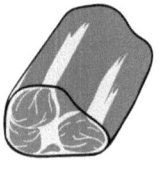

viande

teew

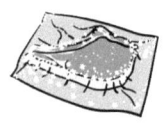

aliments surgelés

ñaamdu ɓumnaandu

charcuterie

teew moftaaɗo

conserves

ñaamdu nder buwat

poudre à lessive

condi lawyĩrteendu

bonbons

bonboonji

articles ménagers

geɗe ngurdaaɗe

détergents

porodiwiiji laaɓnirni

vendeuse

julaaajo

caisse

haa

caissier

kestotooɗo

liste d'achats

limto coodateeɗi

heures d'ouverture

waktuuji golle

portefeuille

kalbe

carte de crédit

kartal banke

sac

saak

sac en plastique

saak dalli

eau

ndiyam

jus de fruit

njaram

lait

kosam

coca

ŷulmere

vin

sangara

bière

sangara

alcool

sangara

chocolat chaud

kakao

thé

ataaya

café

kafe

expresso

kafe jon jooni

cappuccino

kafe italinaabe

banane

banaana

pomme

pom

orange

oraas

melon

dende

citron

limonŋ

carotte

karot

ail

laay

bambou

lekki bambu

oignon

basalle

champignon

sampiñon

noisettes

gerte

pâtes

espageti

spaghetti

espageti

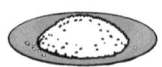

riz

maaro

salade

salaat

pommes frites

firit

pommes de terre rôties

faatat cahaaɗo

pizza

pidsa

hamburger

amburgeer

sandwich

sandiwis

escalope

buhal baddangal e lijim

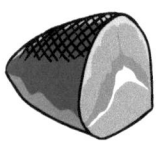

jambon

buhal teew

salami

kaane biyeteeɗo sosison

saucisse

sosis

poulet

gertogal

rôti

defaɗum

poisson

liingu

flocons d'avoine

ndefu gabbe kuwakeer

muesli

njilɓundi aɓuwaan e gabbe goɗɗe

cornflakes

kornfelek

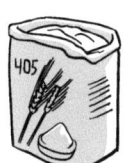

farine

farin

croissant

kurwasa

petits-pains

pe o le

pain

mburu

pain grillé

mburu juɗaaɗo

biscuits

mbiskit

beurre

nebam boor

le fromage blanc

kosam kaaɗɗam

gâteau

gato

œuf

ɓoccoonde

œuf au plat

moccoonde fasnaande

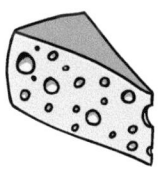

fromage

foromaas

glace

kerem galaas

sucre

suukara

miel

njuumri

confiture

teew nagge

crème nougat

nirkugol sokkola

curry

suppu kaane

ferme
ngesa

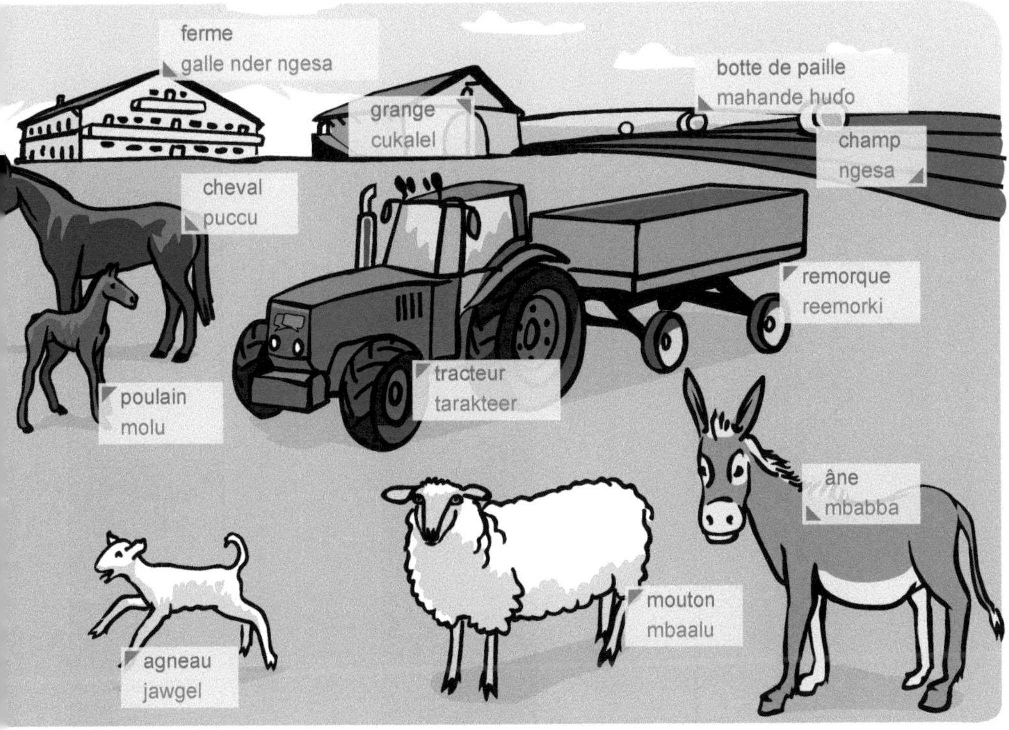
ferme
galle nder ngesa
grange
cukalel
botte de paille
mahande huɗo
champ
ngesa
cheval
puccu
remorque
reemorki
tracteur
tarakteer
poulain
molu
âne
mbabba
mouton
mbaalu
agneau
jawgel

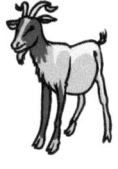

chèvre
ndamdi

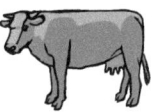

vache
nagge

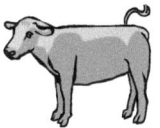

veau
mbeewa

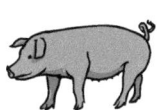

porc
mbabba tugal

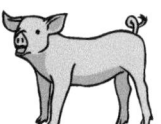

porcelet
ɓingel mbabba tugal

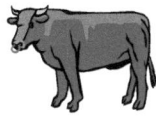

taureau
ngaari ladde

oie

jarlal ladde

canard

gerlal

poussin

cofel

poule

jarlal

coq

ngori

rat

doomburu

chat

ullundu

souris

doomburu

bœuf

nagge

chien

rawaandu

chenil

nokku dawaaɗi

tuyau de jardin

tiwo sardin

arrosoir

doosirgal

faucheuse

wofdu mawndu

charrue

masinŋ demoowo

faucille
wofdu

pioche
coppirgal

fourche
rato

hache
hakkunde

brouette
buruwet

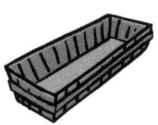

cuve
mbalka

pot à lait
kosam buwat

sac
saak

clôture
kalasal galle

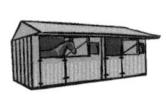

étable
nokku pucci

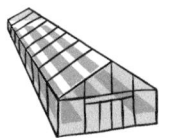

serre
inexistant

sol
leydi

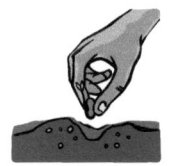

semences
abbere

engrais
nguurtinooje leydi

moissonneuse-batteuse
masinŋ coñirteeɗo

récolter

soñde

récolte

soñde

igname

ñambi

blé

bele

soja

soja

pomme de terre

faatat

maïs

maka

colza

abbere lekki kolsa

arbre fruitier

lekki firwiiji

manioc

ñambi

céréales

sereyaal

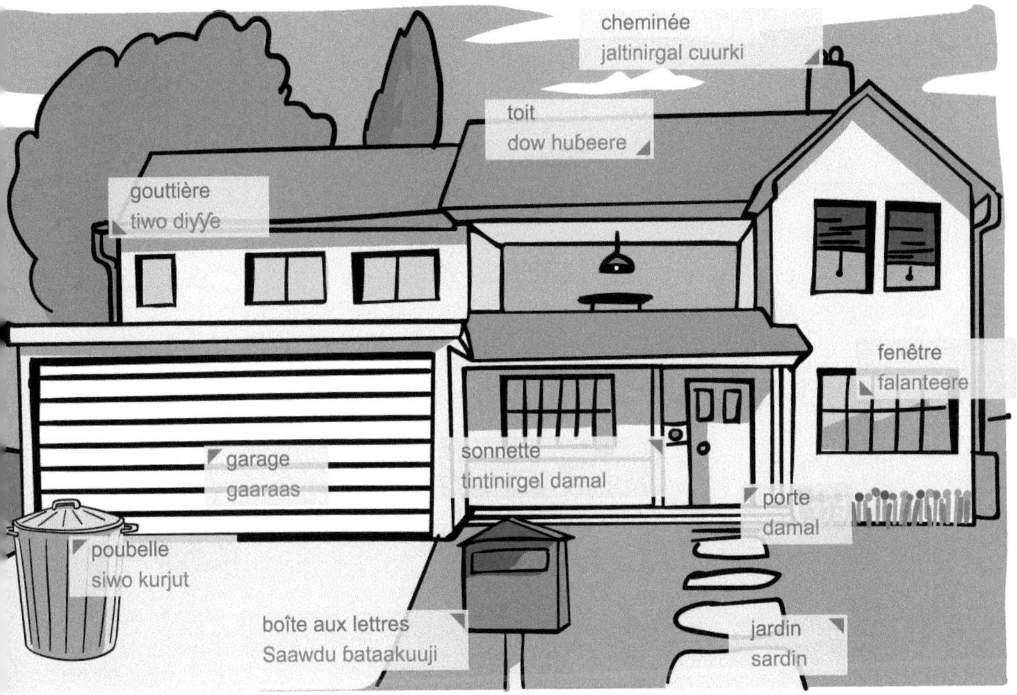

cheminée
jaltinirgal cuurki

toit
dow huɓeere

gouttière
tiwo diyƴe

fenêtre
falanteere

garage
gaaraas

sonnette
tintinirgel damal

porte
damal

poubelle
siwo kurjut

boîte aux lettres
Saawdu bataakuuji

jardin
sardin

salon

suudu yeewtere

salle de bain

tarodde

cuisine

waañ

chambre à coucher

suudu waalduru

chambre d'enfant

suudu sakaaɓe

salle à manger

suudu hiraande

maison - galle

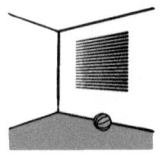

sol

karawal

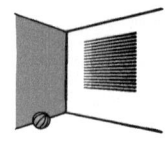

mur

ɓalal

plafond

asamaan suudu

cave

faawru

sauna

soona e ɗemngal farase

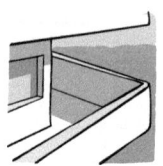

balcon

balko

terrasse

teeraas

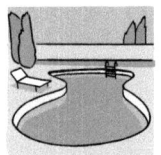

piscine

pisin

tondeuse à gazon

keefoowo huɗo

housse

darap

couette

darap

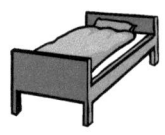

lit

leeso

balai

pittirgal

sceau

suwo

interrupteur

ñifirgel

salon
suudu yeewtere

papier peint
nataal
image
nataal
lampe
lampa
étagère
etaseer
armoire
bahe
télé
tele
cheminée
jaltinirgel cuurki
fleur
fuloor
coussin
njegenaaw
sofa
fotooy
vase
ciwirgal njaram
télécommande
deengol ko woɗɗi

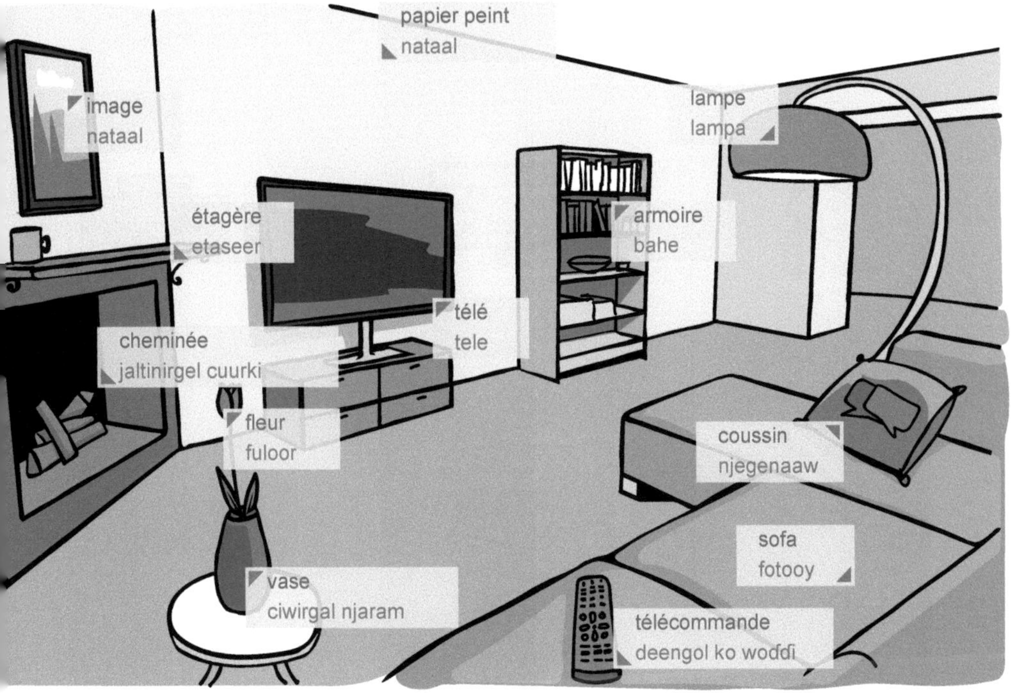

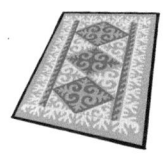

tapis

tappi

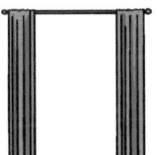

rideau

rido

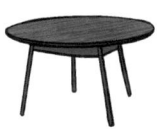

table

taabal

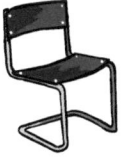

chaise

jooɗorgal

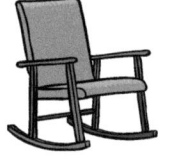

chaise à bascule

jooɗorgal timmungal

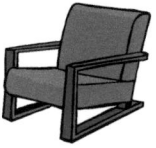

fauteuil

jooɗorgal tuggateengal

livre

deftere

couverture

cuddirgal

décoration

jooɗnugol

bois de chauffage

ledɗe kuɓɓateeɗe

film

filmo

chaîne hi-fi

materiyel hi-fi

clé

coktirgal

journal

kaayit kabaruuji

peinture

pentirgol

poster

posteer

radio

rajo

bloc-notes

teskorgel

aspirateur

boɗowel pusiyeer

cactus

kaktis

bougie

sondel

cuisine

waañ

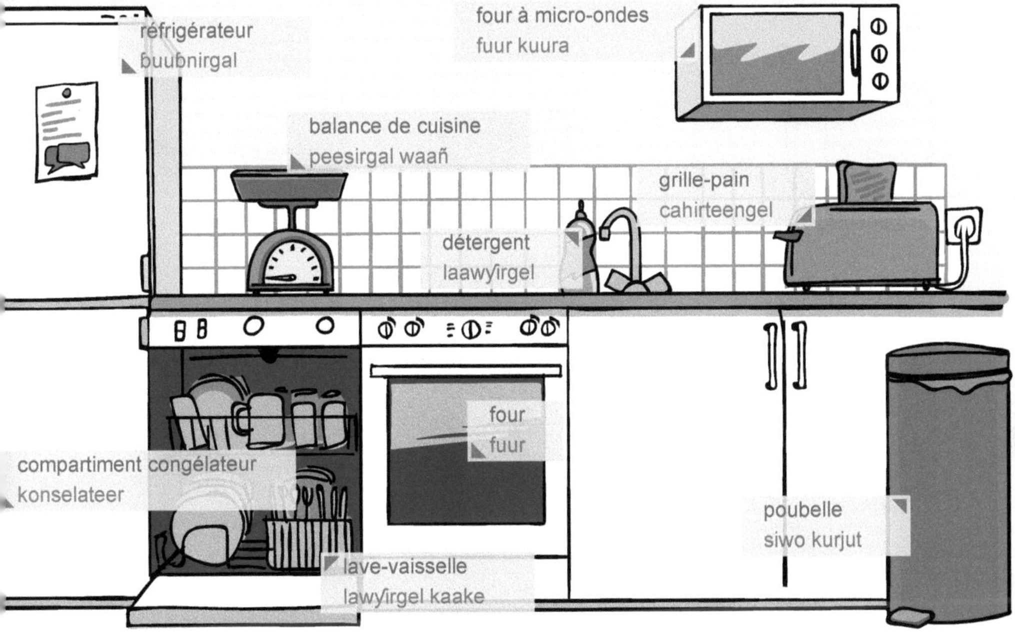
réfrigérateur
buubnirgal
four à micro-ondes
fuur kuura
balance de cuisine
peesirgal waañ
grille-pain
cahirteengel
détergent
laawyirgel
four
fuur
compartiment congélateur
konselateer
poubelle
siwo kurjut
lave-vaisselle
lawyirgel kaake

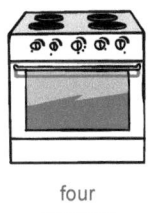

four

fuurno

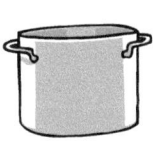

casserole

pot

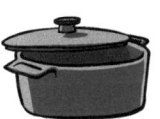

marmite

barme

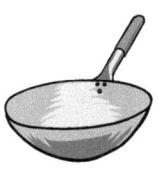

wok / kadai

kasorol

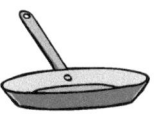

poêle

kasorol

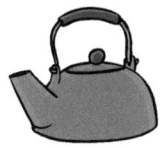

bouilloire electrique

satalla

cuiseur vapeur

suppere defirteende

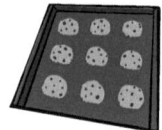

plaque de cuisson

pool defirteeɗo

vaisselle

lawyŭgol kaake

gobelet

pot jarduɗo

coupe

suppeere

baguettes

ñiɓirgon ñaamdu

louche

kuddu luus

spatule

kayit ɗakirteeɗo

fouet

iirtude

passoire

ceɗirgel

tamis

tame

râpe

keefirgel

mortier

moññirgal

barbecue

juɗgol

cheminée

jeyngol e henndu

planche à découper

coppirgal

rouleau à pâtisserie

degnirgel ñaamdu
feewnateendu

tire-bouchon

udditirgel butel

boîte

buwaat

ouvre-boîte

udditirgel buwat

maniques

nangirgel pot

lavabo

siimtude

brosse

boros

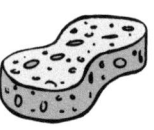

éponge

eppoos

mixeur

jiibirgel

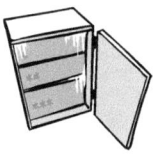

congélateur

battowel galaas

biberon

jardugel tiggu

robinet

robine

salle de bain
tarodde

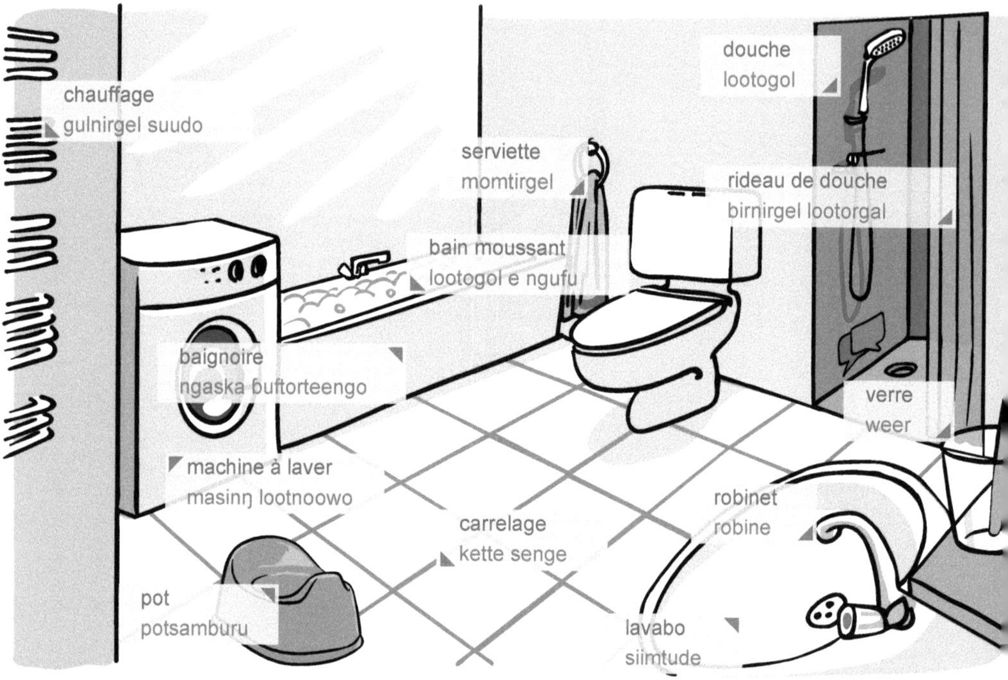

chauffage
gulnirgel suudo
serviette
momtirgel
douche
lootogol
rideau de douche
birnirgel lootorgal
bain moussant
lootogol e ngufu
baignoire
ngaska buftorteengo
machine à laver
masinŋ lootnoowo
verre
weer
robinet
robine
carrelage
kette senge
pot
potsamburu
lavabo
siimtude

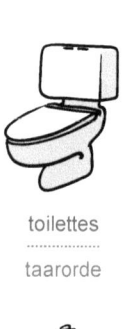

toilettes

taarorde

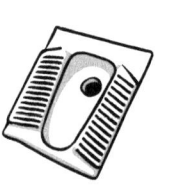

toilette à la turque

joɗorgal kuwirteengal

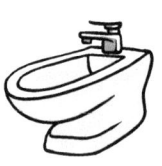

bidet

biisirgel ndiyam

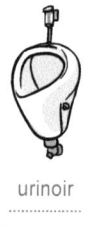

urinoir

taarodde

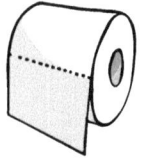

papier toilette

kaayit momtirɗo

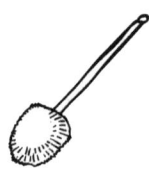

brosse à toilette

boros taarorde

brosse à dents

coccorgal ƴiiye

dentifrice

sabunde ƴiiye

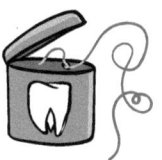

fil dentaire

gaarowol ñiire

laver

lawƴude

douche manuelle

ɓoggol lootirteengol

douche intime

ɓuftogol

vasque

loowirteengel

brosse dorsale

demirgel huɗo

savon

sabunnde

gel douche

saabunde ɓuftorteende

shampooing

sampoye

gant de toilette

limsere wiro

écoulement

ciiygol

crème

kerem

déodorant

uurnirgel

miroir
daandorgal

miroir cosmétique
daandorgal pamoral

rasoir
pembirgel

mousse à raser
ngufu pembol

après-rasage
moomiteengel pembol

peigne
yeesoode

brosse
boros

sèche-cheveux
joornirgel sukunndu

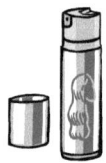

laque pour cheveux
peewnirgel sukunndu

fond de teint
makiyaas

rouge à lèvres
joodirgel toni

vernis à ongles
momtirgel cegeneeji

ouate
garowol wiro

coupe-ongles
siso cegeneeji

parfum
parfon

trousse de toilette
....
waxande lootorgal

tabouret
....
kuudi

pèse-personne
....
peesirgal

peignoir
....
wutte cuɗtorteeɗo

gants de nettoyage
....
gaɲuuji dalli

tampon
....
momtirer ɲiiɲam ella

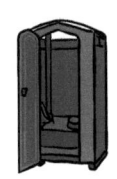

serviettes hygiéniques
....
kuus tiggu

toilette chimique
....
lootogol simik

chambre d'enfant
suudu sakaaɓe

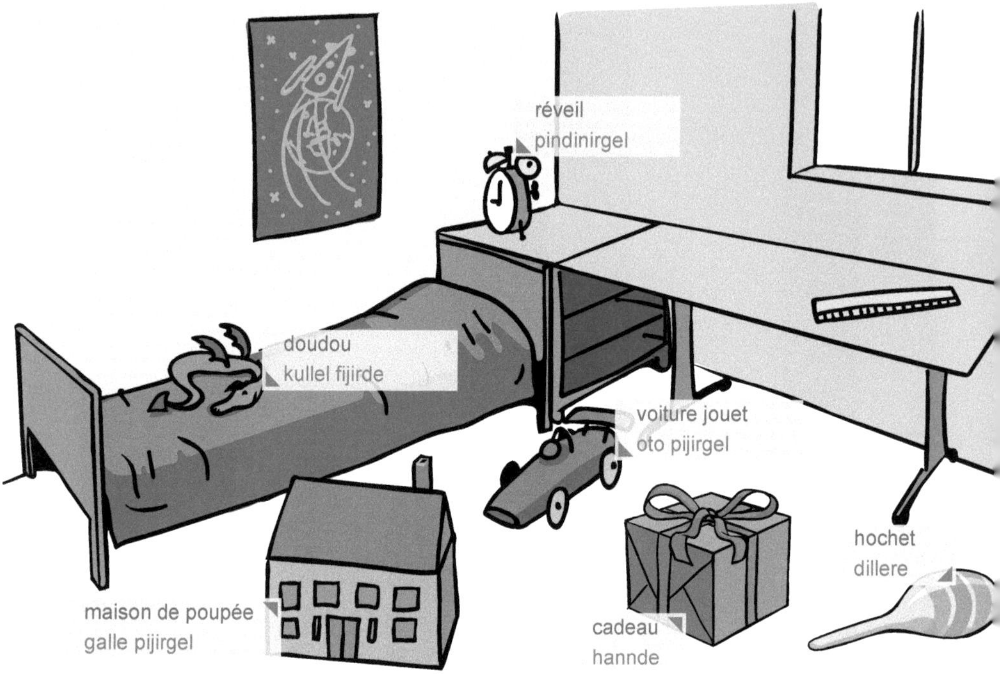
réveil
pindinirgel
doudou
kullel fijirde
voiture jouet
oto pijirgel
hochet
dillere
maison de poupée
galle pijirgel
cadeau
hannde

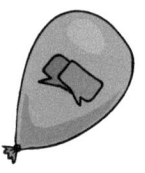

ballon

sumalle dalli

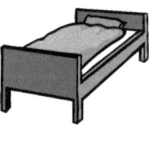

lit

leeso

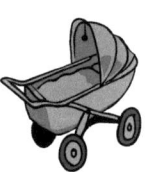

poussette

duñirgel tiggu

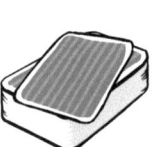

jeu de cartes

nokkere karte

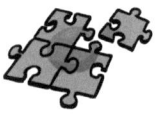

puzzle

fijirde lombondirgol

SUPER
MEGA

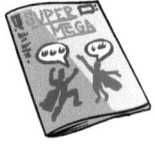

bande dessinée

njalniika

pièces lego

pijirgel tuufeeje

blocs de construction

tuufeeje

figurine

pijirgel

grenouillère

comcol tiggu

frisbee

palaat diwwoow

mobile

noddirgel

jeu de société

pijirgel

dé

dee

train miniature

ñemtinirgel laana ndegoowa

sucette

neɗɗo fuuunti

fête

fijirde

livre d'images

deftere nate

balle

bal

poupée

puppe

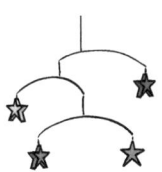

jouer

fijde

bac à sable
mbalka ceenal

balançoire
beeltirgal

jouets
pijirgel

console de jeu
pijiteengel see widewo

tricycle
welo biifi tati

ours en peluche
pijirgel kullel urs

armoire
armuwaar

vêtements
comcol

chaussettes
kawase

bas
kawase

collant
tuubayon ɓittukon

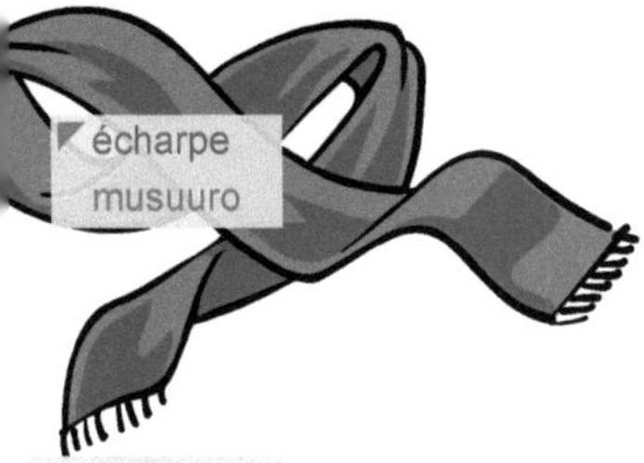

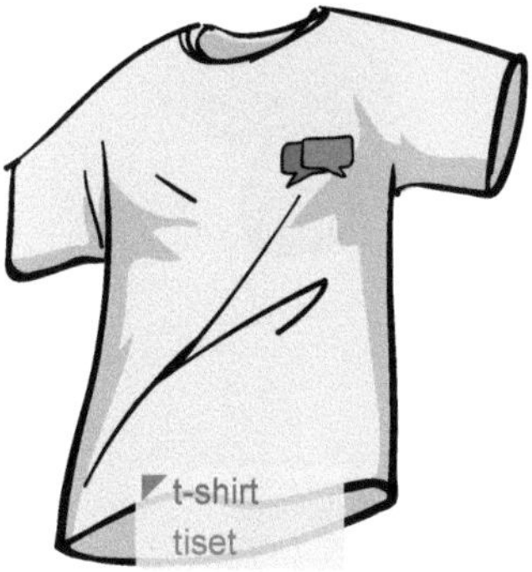

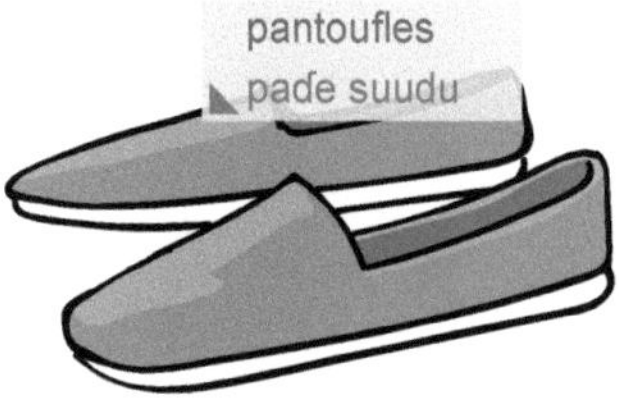

écharpe
musuuro

ceinture
dadorde

parapluie
paraseewal

t-shirt
tiset

baskets
pade bokkateede

bottes
pade toowde

pantoufles
pade suudu

sandales
....
pade diwa

chaussures
....
pade

bottes de caoutchouc
....
padde toowde lirotoode

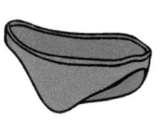

sous-vêtements
....
cakkirdi

soutien-gorge
....
sucengors

maillot de corps
....
silet

body

banndu

pantalon

tuuba

jean

jiin

jupe

robbo

chemisier

buluson

chemise

simis

pull

piliweer

sweat à capuche

weste nebbu

veste

layset

veste

jaget

manteau

weste juuɗɗo

imperméable

wutte tobo

costume

kostim

robe

robbo

robe de mariée

robbo yange

costume
weste

chemise de nuit
wutte baalduɗo

pyjama
pijama

sari
sari

foulard
muusooro

turban
kaala

burqa
kaala

caftan
sabndoor

abaya
abbaay

maillot de bain
comcol lumbirogol

maillot de bain
cakkirɗi

short
kilot

tenue d'entraînement
joogin

tablier
limsere deffowo

gants
gaɲuuji

bouton

boɗɗirgel

lunettes

lone

bracelet

jawo

collier

cakka

bague

feggere

boucle d'oreille

hootonde

bonnet

laafa

cintre

liggirgal weste

chapeau

laafa

cravate

karawat

fermeture éclair

zip

casque

laafa ndeenka

bretelles

ganŋ

uniforme scolaire

comcol duɗal

uniforme

iniform

bavoir

sarbetel daande

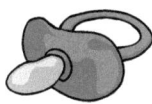

sucette

neɗɗo fuuunti

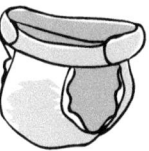

lange

kuus

bureau
gollirgal

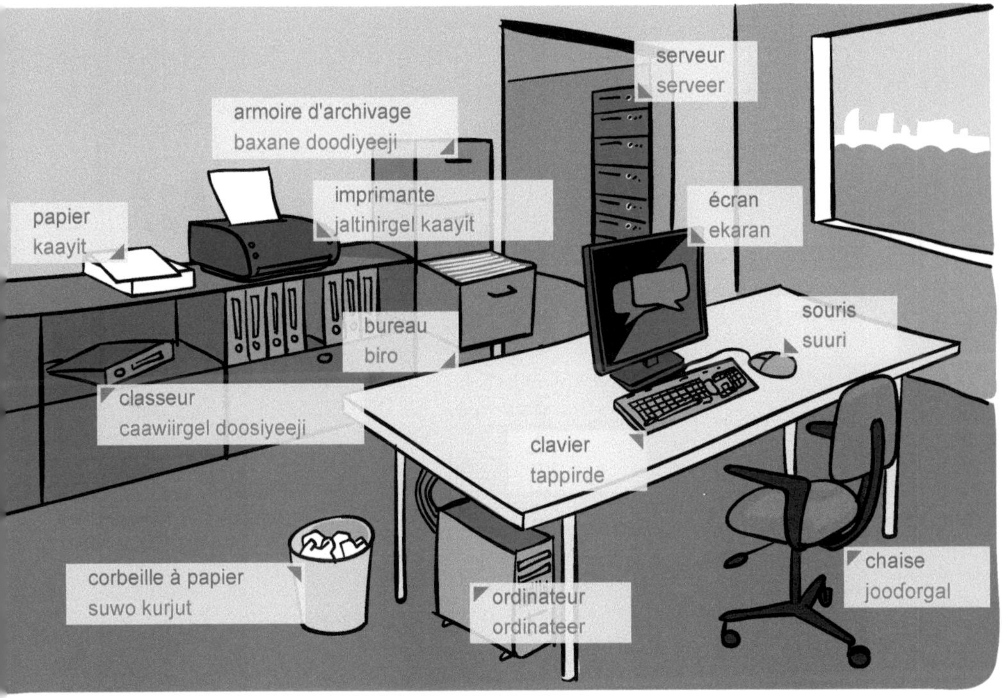

serveur
serveer

armoire d'archivage
baxane doodiyeeji

imprimante
jaltinirgel kaayit

écran
ekaran

papier
kaayit

bureau
biro

souris
suuri

classeur
caawiirgel doosiyeeji

clavier
tappirde

corbeille à papier
suwo kurjut

chaise
jooɗorgal

ordinateur
ordinateer

tasse de café

kuppu kafe

calculatrice

qiimorgal

internet

enternet

ordinateur portable

ordinateer beelnateeɗo

lettre

bataake

message

bataake

portable

noddirgel

réseau

reso

photocopieuse

cottitirgel

logiciel

losisiyel

téléphone

noddirgel

prise

ceɲirgel boggol kuura

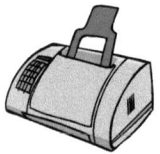

fax

masinŋ faks

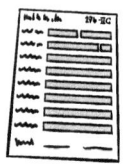

formulaire

mbaadi

document

dokiman

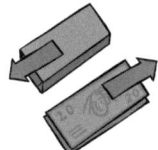

acheter

soodde

payer

sooďde

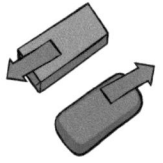

faire du commerce

yeyde

monnaie

kaalis

dollar

dolaar

euro

eroo

yen

yen

rouble

ruubal

franc suisse

faran Siwis

renminbi yuan

yuwaan renminbi

roupie

rupii

distributeur automatique

masinŋ keestorďo kaalis

bureau de change

nokku beccugol e neldugol

or

kanŋe

argent

kaalis

pétrole

esaans

énergie

sembe

prix

coggu

contrat

kontara

taxe

taks

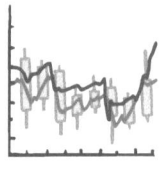

action

marsandiss moftaaɗo

travailler

gollude

employé

gollinteeɗo

employeur

gollinoowo

usine

isin

magasin

bitik

professions
haajuuji

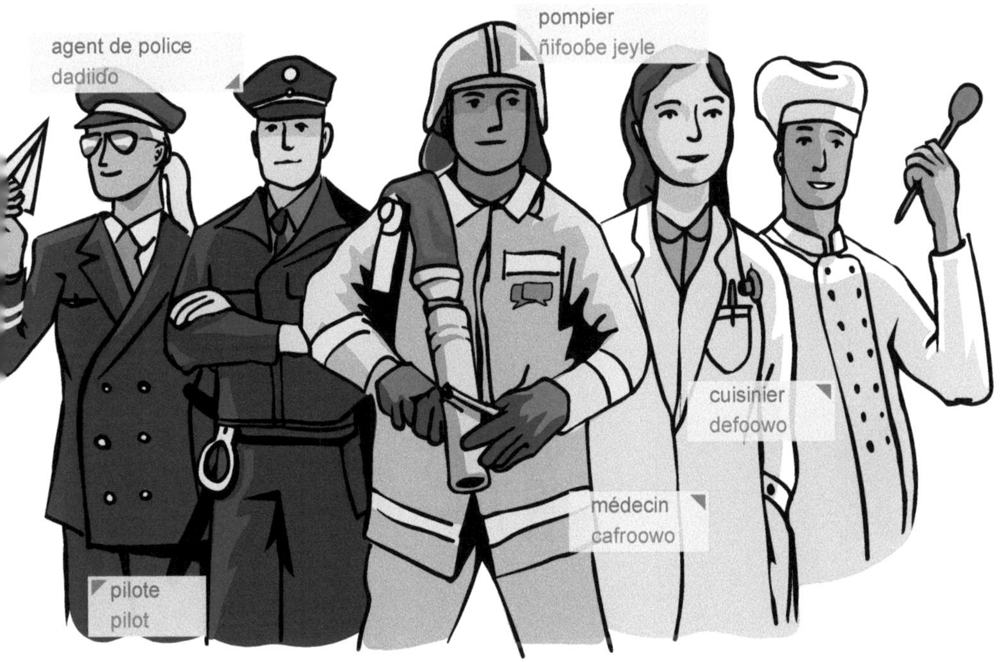
agent de police
dadiiɗo
pompier
ñifooɓe jeyle
cuisinier
defoowo
médecin
cafroowo
pilote
pilot

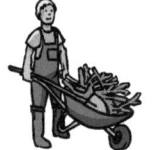

jardinier

toppitiiɗo sardin

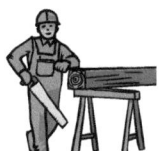

menuisier

minise

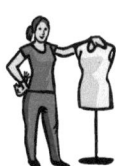

couturière

ñootoowo

juge

ñaawoowo

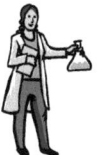

chimiste

simist e ɗemngal farayse

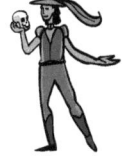

acteur

aktoor

conducteur de bus

dognoowo biis

chauffeur de taxi

dognoowo taksi

pêcheur

gawoowo

femme de ménage

pittoowo

couvreur

cengirɗe huɓeere

serveur

carwoowo

chasseur

daddoowo

peintre

pentiroowo

boulanger

piyoowo mburu

électricien

gollowo kuura

ouvrier

mahoowo

ingénieur

enseñeer

boucher

jeyoowo teew keso

plombier

polombiyer

facteur

nawoowo batakuuji

soldat
kooninke

architecte
diidoowo ɓahanteeri

caissier
kestotooɗo

fleuriste
jeyoowo fuloraaji

coiffeur
mooroowo

contrôleur
dognoowo

mécanicien
mekanisiyenŋ

capitaine
kapiteen

dentiste
cafroowo ƴiiƴe

scientifique
miijotooɗo

rabbin
kellifaaɗo diine to israayel

imam
imaam

moine
muwaan e e ɗemngal
farayse

prêtre
kellifaaɗo diine heerereeɓe

outils
kuutorɗe

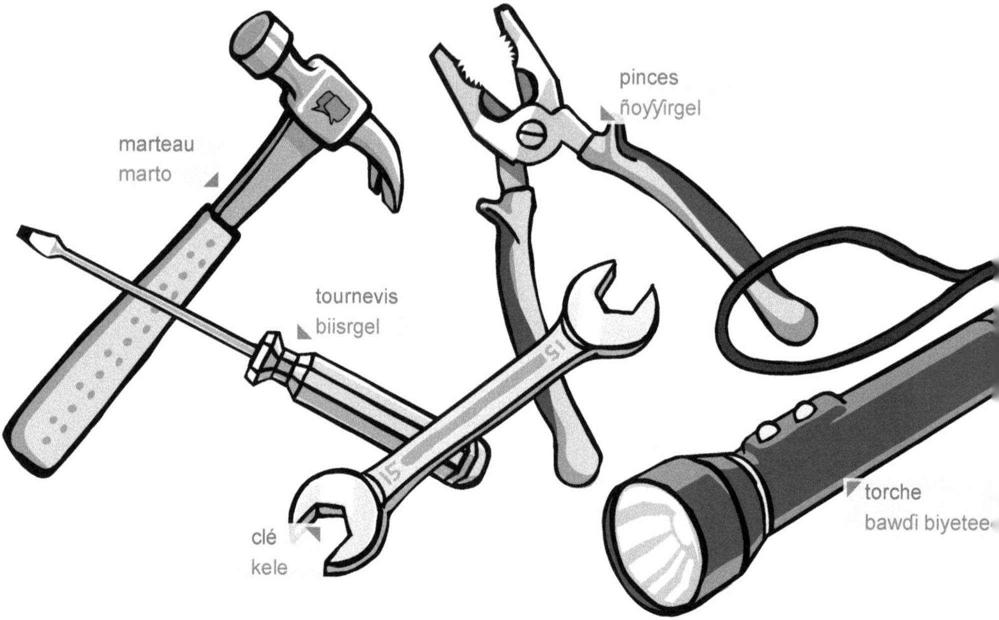
marteau
marto
pinces
ñoyƴirgel
tournevis
biisrgel
clé
kele
torche
bawɗi biyetee

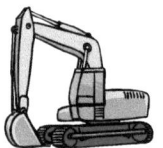

pelleteuse

pikku

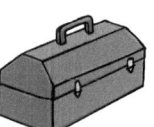

boîte à outils

baxanel kaɓorɗe

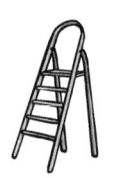

échelle

ŋabbirgal

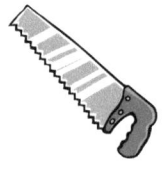

scie

taƴirgal

clous

ƴibirɗe

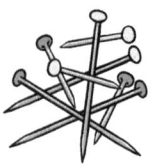

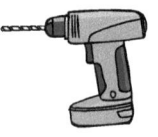

perceuse

julirgal

réparer

fewnitde

pelle

nokkirgel

Mince !

Soo!

pelle

boftirgel kurjut

pot de peinture

pot penttiir

vis

wiisuuji

instruments de musique
kongirgon misik

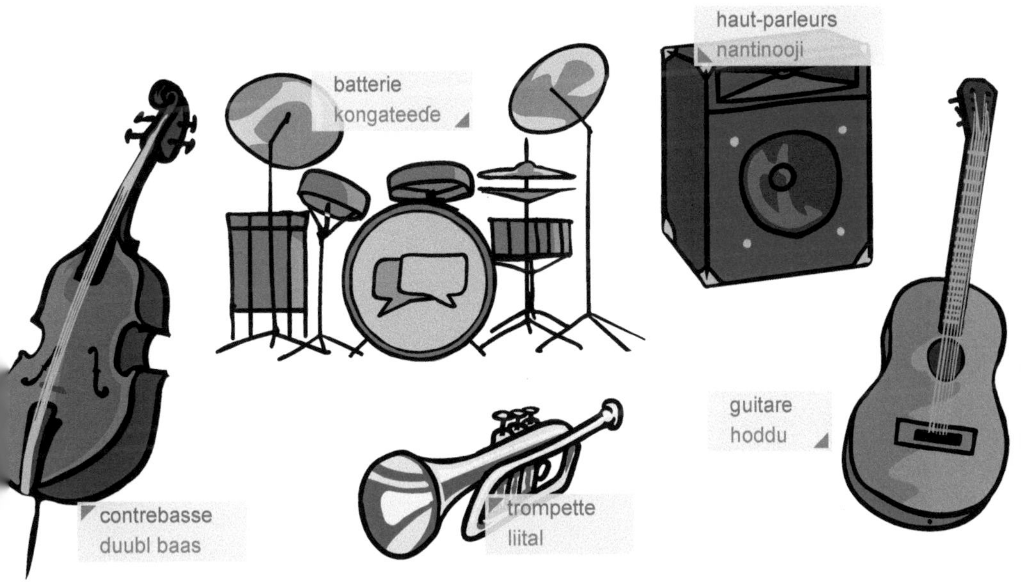

haut-parleurs
nantinooji

batterie
kongateede

contrebasse
duubl baas

trompette
liital

guitare
hoddu

piano
piayaano

violon
wiyolon

basse
baas

timbales
bowɗi biyeteeɗi timpani

tambour
bawɗi

piano électrique
tappirgal

saxophone
saksofoon

flûte
nguurdu

microphone
mikoro

nokku kullon

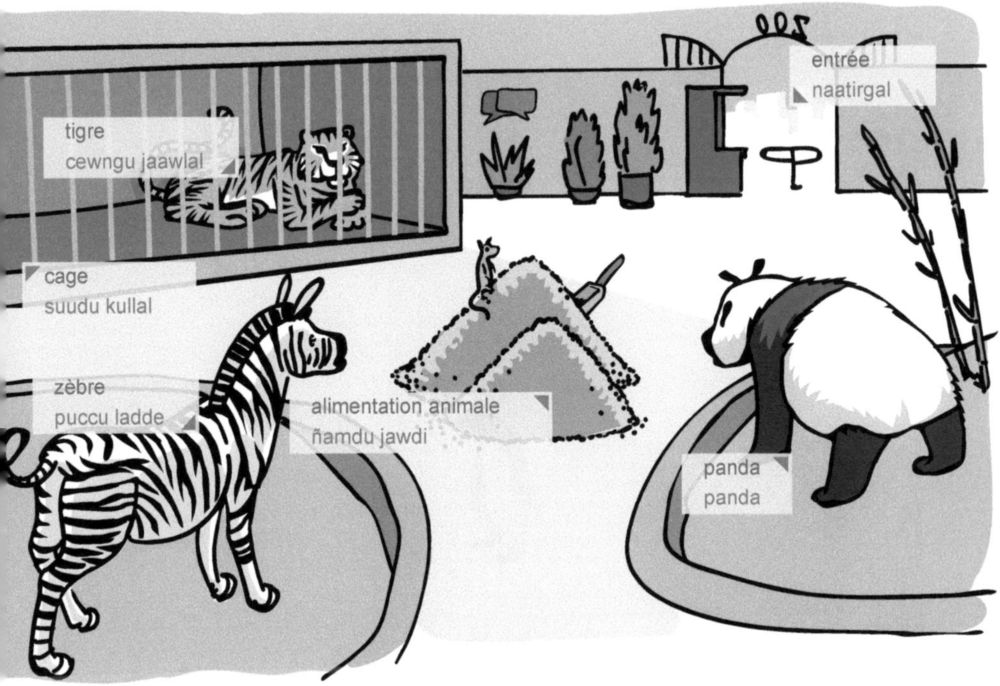

zoo
entrée
naatirgal
tigre
cewngu jaawlal
cage
suudu kullal
zèbre
puccu ladde
alimentation animale
ñamdu jawdi
panda
panda

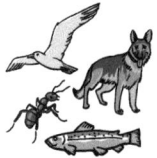

animaux

kulle

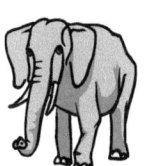

éléphant

ñiiwa

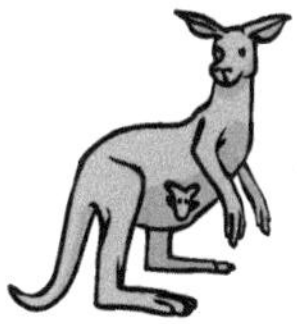

kangourou

kanguru

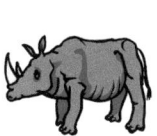

rhinocéros

rinoseros

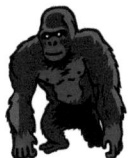

gorille

waandu mowndu

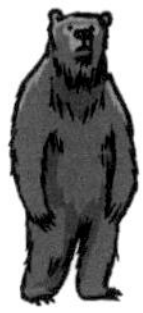

ours

urs

chameau
ngelooba

autruche
sundu ɓurndu mownude

lion
mbaroodi

singe
waandu

flamand rose
ñaaral pural

perroquet
seku

ours polaire
urso galaas

pingouin
liingu wiyeteendu penguwe

requin
lingu reke

paon
ndiwri wiyeteendu pawon

serpent
laadoori

crocodile
nooro

gardien de zoo
deenoowo zoo

phoque
togoori ndiyam wiyeteendu
fok e farayse

jaguar
cewngu

poney

molu

léopard

cewngu

hippopotame

ngabu

girafe

njabala

aigle

ciilal

sanglier

mbabba tugal

poisson

liingu

tortue

heende

morse

kullal biyeteengal morse

renard

renaar

gazelle

lella

american Football
Fuggukoyngel Amerknaaɓe

cyclisme
dognugol welo

tennis
tenis

basket-ball
beysbol

natation
lumbagol

hockey sur glace
fuggukoyngel e galaas

boxe
boks

football
Fuggukoyngel

badminton
badminton

athlétisme
atelettuuji

handball
hanbol

ski
fijirɗe deggol e nees

polo
polo

sauter
diwde

rire
jalde

embrasser
buucaade

chanter
yimde

marcher
yaade

prier
juulde

faire la bise
buucaade

rêver
hoyɗitaade

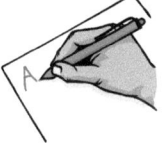

écrire

windude

dessiner

siifde

montrer

hollude

pousser

duñde

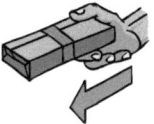

donner

rokkude

prendre

ƴettude

avoir

deñde

faire

wadde

être

wonde

être debout

ummaade

courir

dogde

trier

foodde

jeter

weddaade

tomber

yande

être couché

fende

attendre

sabbaade

porter

roondaade

être assis

joodaade

s'habiller

boornaade

dormir

daanaade

se réveiller

finde

regarder
ƴeewde

pleurer
woyde

caresser
helde

peigner
yeesaade

parler
haalde

comprendre
faamde

demander
naamnaade

écouter
heɗaade

boire
yarde

manger
ñaamde

ranger
hawrinde

aimer
yiɗde

cuire
defde

conduire
dognude

voler
diwde

activités - golle

65

faire de la voile

awỹude

calculer

qimaade

lire

jangude

apprendre

jangude

travailler

gollude

se marier

resde

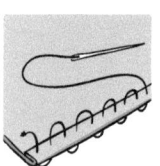

coudre

ñootde

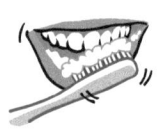

brosser les dents

soccaade ỹiiỹe

tuer

warde

fumer

simmaade

envoyer

neldude

famille
ɓesngu

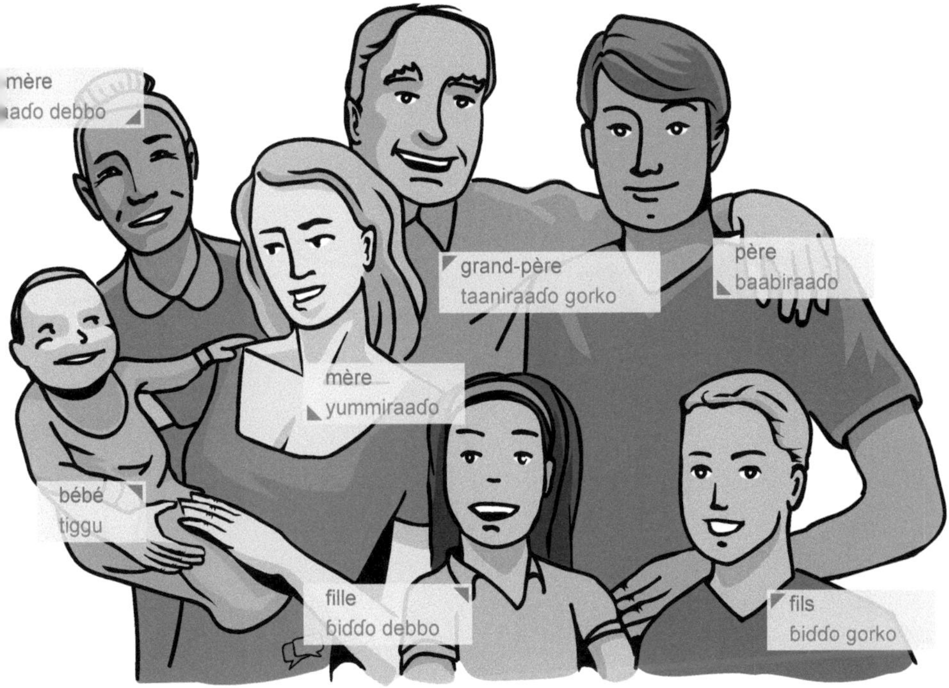
mère
aɗo debbo
grand-père
taaniraaɗo gorko
père
baabiraaɗo
mère
yummiraaɗo
bébé
tiggu
fille
ɓiɗɗo debbo
fils
ɓiɗɗo gorko

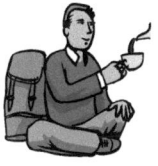

hôte
koɗo

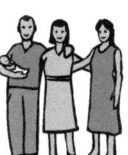

tante
goggiraaɗo

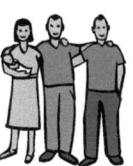

oncle
kaawiraaɗo

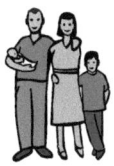

frère
mowniraaɗo gorko

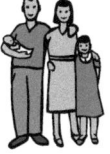

sœur
mowniraaɗo debbo

corps

ɓandu

front
tiinde
œil
yiitere
épaule
walabo
doigt
feɗendu
visage
yeeso
menton
waare
main
jungo
jambe
koyngal
poitrine
endu
bras
jungo

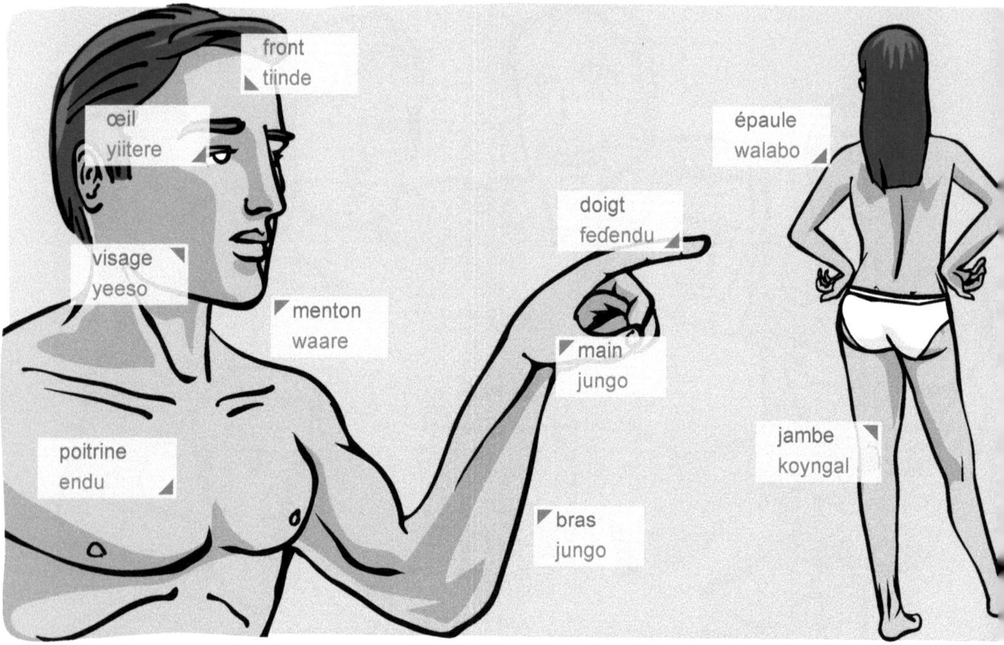

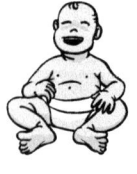

bébé

tiggu

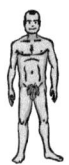

homme

gorko

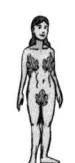

femme

debbo

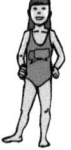

fille

deftere kongoli

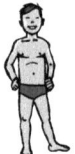

garçon

suka gorko

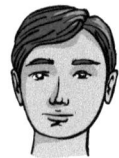

tête

hoore

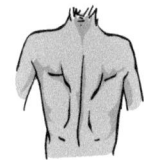

dos
....
keeci

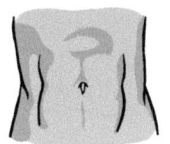

ventre
....
reedu

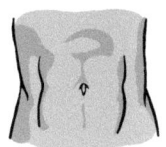

nombril
....
wuddu

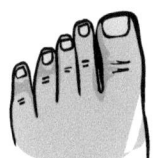

orteil
....
feɗendu koyngal

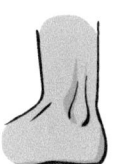

talon
....
jabborgal

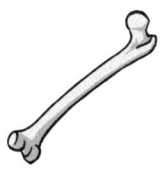

os
....
ƴiyal

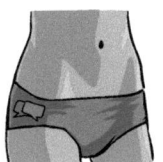

hanche
....
rotere

genou
....
hofru

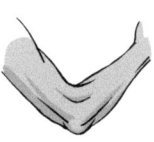

coude
....
salndu junngu

nez
....
hinere

fesses
....
dote

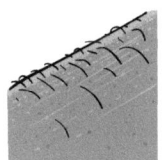

peau
....
nguru

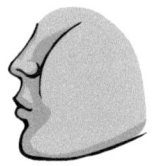

joue
....
aɓɓulo

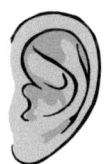

oreille
....
nofru

lèvre
....
tonndu

bouche

hunuko

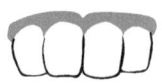

dent

ñiire

langue

ɗemngal

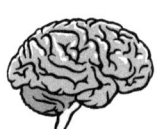

cerveau

ngaandi

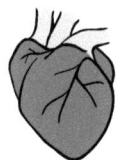

cœur

ɓernde

muscle

ƴiyal

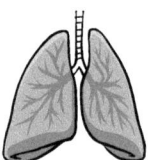

poumons

wecco

foie

heeñere

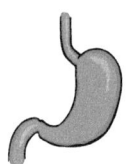

estomac

estoma

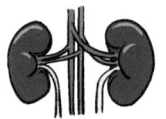

reins

tekteki mawni

rapport sexuel

terɗe

préservatif

laafa ndeenka

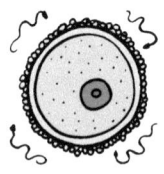

ovule

ɓoccoonde maniya

sperme

maniya

grossesse

reedu

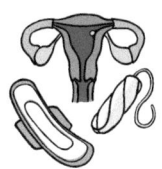

menstruation

ÿiiÿam ella

vagin

farja

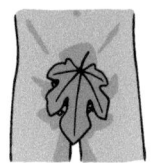

pénis

kaake

sourcil

leeɓi dow yiitere

cheveux

sukunndu

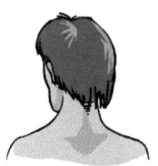

cou

daande

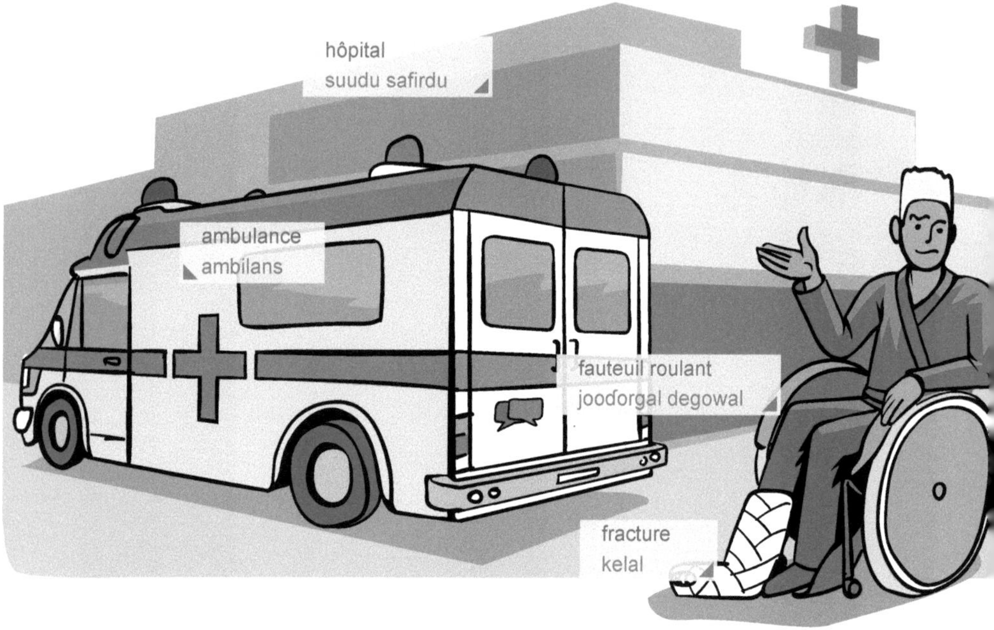

hôpital
suudu safirdu

ambulance
ambilans

fauteuil roulant
jooɗorgal degowal

fracture
kelal

médecin

cafroowo

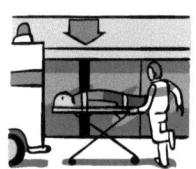

service des urgences

suudo irsaans

infirmière

cafroowo

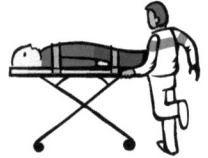

urgence

irsaans

inconscient

paɗɗiiɗo

douleur

muuseeki

blessure

gaañande

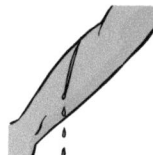

hémorragie

tuyƴude

crise cardiaque

ɓernde dartiinde

attaque cérébrale

ɗarogol ɓernde

allergie

alersi

toux

ɗojjugol

fièvre

nguleeki ɓandu

grippe

maɓɓo

diarrhée

reedu dogooru

mal de tête

muuseeki hoore

cancer

kanser

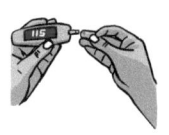

diabète

jabet

chirurgien

operasiyon

scalpel

ceekirgel

opération

operasiyon

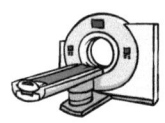

CT
CT

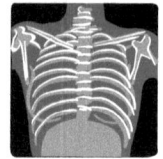

radiographie
reyon-x

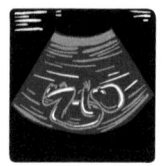

échographie
iltarason

masque
mask yeeso

maladie
ñaw

salle d'attente
suudu sabbordu

béquille
sawru tuggorgal

pansement
palatar

pansement
bandaas

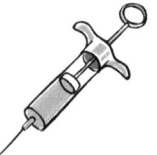

injection
pikkitagol

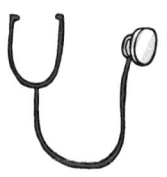

stéthoscope
keɗirgel dille ɓandu

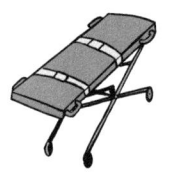

brancard
balankaaru

thermomètre
betirgel nguleeki ɓanndu

accouchement
jibinegol

surcharge pondérale
ɓandu ɓurtundu

appareil auditif

ballotirgel nonooje

désinfectant

desefektan

infection

infeksiyon

virus

viris

VIH / sida

HIV / SIDA

médicament

safaara

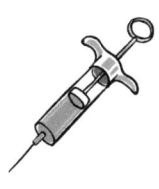

vaccination

ñakko

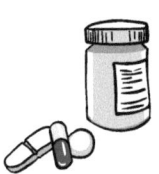

comprimés

tabletuuji

pilule

foɗɗere

appel d'urgence

oddaango heñoraango

tensiomètre

ɓetirgel dogdu ƴiiƴam

malade / sain

sellaani / salli

Au secours !

Paabode!

alarme

tintinirgel

assaut

jangol

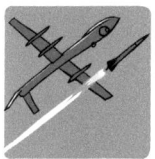

attaque

yande e

danger

musiiba

sortie de secours

damal dandirgal

Au feu!

Paabode!

extincteur

ñifirgel jeynge

accident

aksida

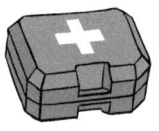

trousse de premier secours

gede cafrorde gadane

SOS

BALLAL

police

Polis

Europe

Erop

Amérique du Nord

Amerik to Rewo

Amérique du Sud

Amerik to Worgo

Afrique

Afiriki

Asie

Asi

Australie

Ostarali

Océan atlantique

Atalantik

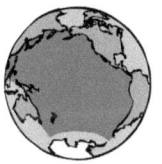

Océan pacifique

Pasifik

Océan indien

Oseyan Enje

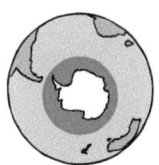

Océan antarctique

Oseyan Antarktik

Océan arctique

Osean Arkatik

pôle nord

Bange Rewo

pôle sud

Bange Worgo

Antarctique

Antarktik

terre

Leydi

pays

leydi

mer

maayo mawngo

île

wuro nder ndiyam

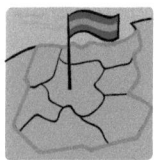

nation

leydi

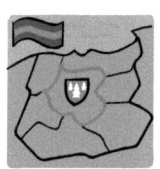

état

jamaanu

cadran

yeeso montoor

aiguille des heures

misalel waqtu

aiguille des minutes

misalel hojomaaji

aiguille des secondes

misalel majanɗe

Quelle heure est-il ?

Hol waqtu jonɗo?

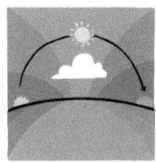

jour

ñalawma

temps

saha

maintenant

jooni

montre digitale

montoor disitaal

minute

hojom

heure

waqtu

semaine

yontere

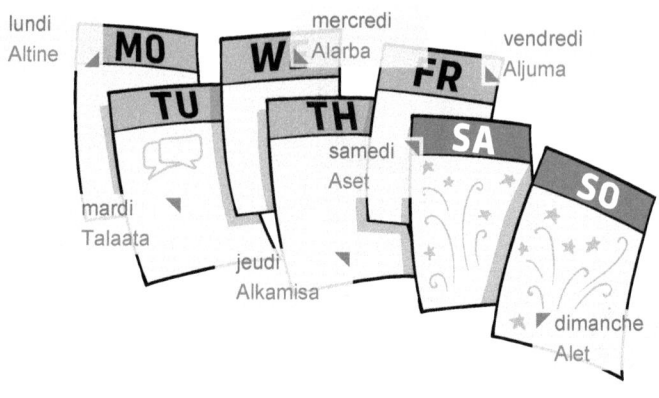

lundi
Altine

mercredi
Alarba

vendredi
Aljuma

mardi
Talaata

jeudi
Alkamisa

samedi
Aset

dimanche
Alet

hier

hanki

aujourd'hui

hande

demain

jango

matin

subaka

midi

beetawe

soir

kikiiɗe

MO	TU	WE	TH	FR	SA	SU
1	2	3	4	5	6	7
8	9	10	11	12	13	14
15	16	17	18	19	20	21
22	23	24	25	26	27	28
29	30	31	1	2	3	4

jours ouvrables

ñalawmaaji golle

MO	TU	WE	TH	FR	SA	SU
1	2	3	4	5	6	7
8	9	10	11	12	13	14
15	16	17	18	19	20	21
22	23	24	25	26	27	28
29	30	31	1	2	3	4

week-end

ñalamaaji fooftere

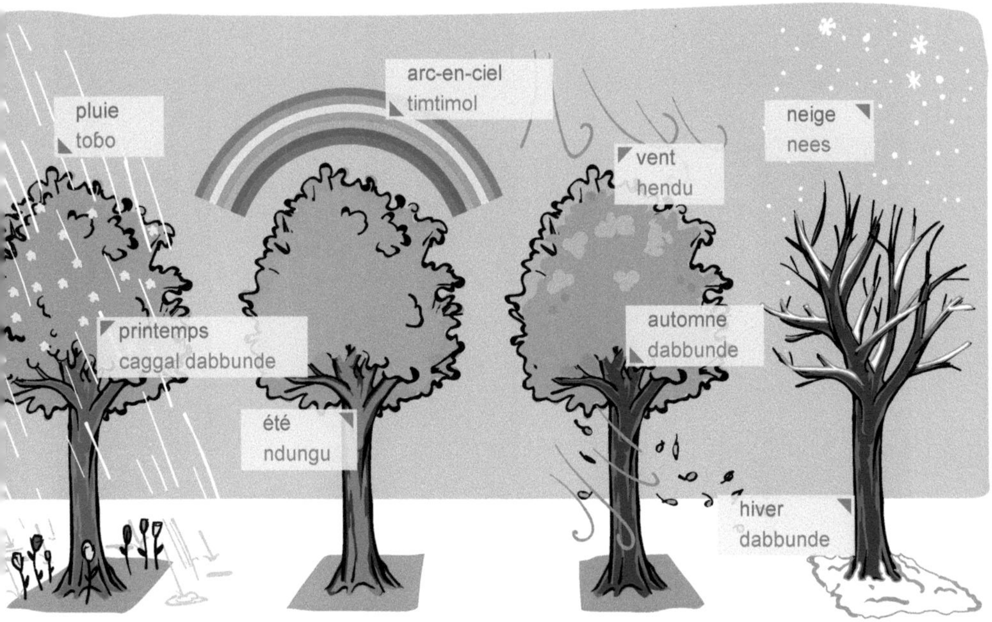

pluie
toɓo

arc-en-ciel
timtimol

vent
hendu

neige
nees

printemps
caggal dabbunde

automne
dabbunde

été
ndungu

hiver
dabbunde

4.APRIL	11°	☀
5.APRIL	4°	☁
6.APRIL	13°	☁
7.APRIL	8°	❄
8.APRIL	10°	☀

météo

kabrugol geɗe weeyo

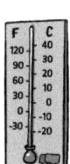

thermomètre

betirgal nguleeki

lumière du soleil

nguleeki naange

nuage

duulal

brouillard

niɓɓere niwri

humidité

ɓuuɓol

foudre

majaango

tonnerre

gidango

tempête

hendu yaduungo e gidaali

grêle

toɓo mawngo

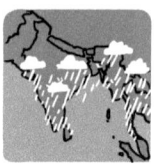

mousson

keneeli mawɗi

inondation

toɓo yooloongo

glace

galaas

janvier

Janwiye

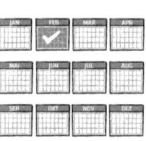

février

Feeviriye

mars

Mars

avril

Awril

mai

Me

juin

Suwe

juillet

Suliye

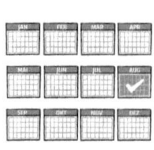

août

Ut

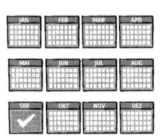

septembre
....
Setanbar

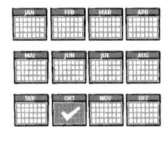

octobre
....
Oktobar

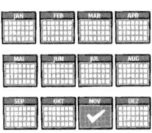

novembre
....
Noowambar

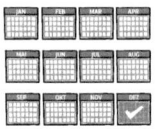

décembre
....
Desambar

formes
Mbaadi

cercle
....
taariɗum

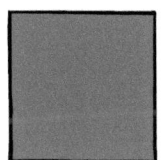

carré
....
bangeeji potɗi

rectangle
....
rektangal

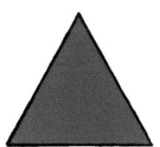

triangle
....
tiriyangal

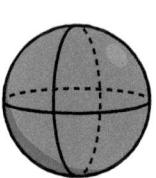

sphère
....
esfeer

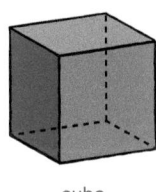

cube
....
kib

blanc

deneejo

jaune

puro

orange

oraas

rose

roos

rouge

boɗeejo

violet

yolet

bleu

bulaajo

vert

werte

marron

baka

gris

giri

noir

baleejo

beaucoup / peu

heewi / famɗi

fâché / calme

mittinɗo / deeyɗo

joli / laid

yooɗi / soofi

début / fin

fuɗɗorde / gasirde

grand / petit

mawni / famɗi

clair / obscure

leeri / ɗibbiɗi

frère / soeur

awniraaɗo gorko / debbo

propre / sale

laaɓi / tulmi

complet / incomplet

timmi / manki

jour / nuit

ñalawma / jamma

mort / vivant

mayi / wuuri

large / étroit

yaaji / ɓitti

comestible / incomestible

ñaame / ñaametaake

méchant / gentil

bonɗum / moyƴi

excité / ennuyé

weelti / deeyi

gros / mince

ɓutto / cewɗo

premier / dernier

gadiiɗo / cakkitiiɗo

ami / ennemi

sehil / gaño

plein / vide

heewi / ɓolɗi

dur / souple

tiiɗi / hoyi

lourd / léger

teddi / hoyi

faim / soif

heege / ɗomka

malade / sain

sellaani / salli

illégal / légal

dagaaki / dagi

intelligent / stupide

ƴoyi / ƴiƴaani

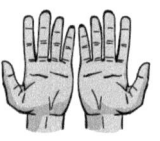

gauche / droite

ñaamo / nano

proche / loin

ɓadi / woɗɗi

nouveau / usé

keso / kiiɗɗo

rien / quelque chose

haydara / huunde

vieux / jeune

nayeeji / suka

marche / arrêt

ne heen / ala heen

ouvert / fermé

udditi / uddi

faible / fort

deeƴi / dilla

riche / pauvre

galo / baasɗo

correct / incorrect

feewi / feewaani

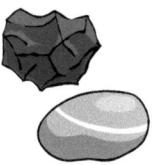

rugueux / lisse

tekki / ɗaati

triste / heureux

suni / weelti

court / long

daɓɓo / jutɗo

lent / rapide

leeli / yaawi

mouillé / sec

leppi / yoori

chaud / froid

wuli / ɓuuɓi

guerre / paix

hare / jam

0	**1**	**2**
zéro	un / une	deux
meere	goo	ɗiɗi

3	**4**	**5**
trois	quatre	cinq
tati	nay	joy

6	**7**	**8**
six	sept	huit
jeegom	seeɗiɗi	jeetati

9	**10**	**11**
neuf	dix	onze
jeenay	sappo	sappo e goo

12

douze

sappo e ɗiɗi

13

treize

sppo e tati

14

quatorze

sappo e nay

15

quinze

sappo e joy

16

seize

sappo e jeegom

17

dix-sept

sappo e jeeɗiɗi

18

dix-huit

sappo e jeetati

19

dix-neuf

sappo e jeenay

20

vingt

noogas

100

cent

teemedere

1.000

mille

ujunere

1.000.000

million

miliyonŋ

anglais

Angale

anglais américain

Angale Amerik

chinois mandarin

Mandare Siin

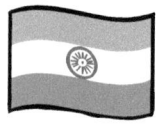

hindi

Indo

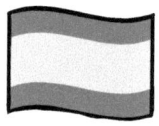

espagnol

Español

français

Farayse

arabe

Arab

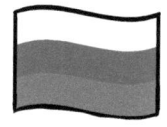

russe

Riis

portugais

Portige

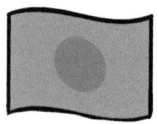

bengali

Bengali

allemand

Alma

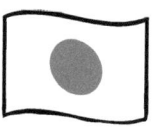

japonais

Sappone

je
....
miin

tu
....
ann

♂ ♀ ○

il / elle / ce, c', cela
....
kanŋko / kanŋko / kaňum

nous
....
minen

vous
....
onon

ils / elles
....
kamɓe

Qui ?
....
holi oon?

Quoi ?
....
hol ɗum?

Comment ?
....
hol no?

Où ?
....
hol toon?

Quand ?
....
mande?

HELLO, I AM

nom
....
innde

où

hol toon

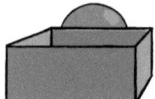

derrière

caggal

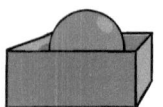

dans

nder

devant

yeeso

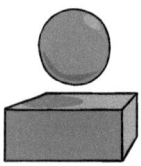

au-dessus

hedde

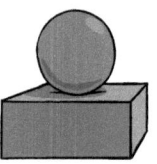

sur

dow

en-dessous

les

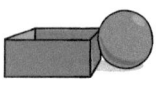

à côté de

sara

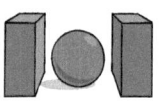

entre

hakkunde

lieu

nokku